RAPPORT DE M. H. PARIS

A L'ACADÉMIE NATIONALE DE REIMS

Sur la 1ʳᵉ Question :

HISTOIRE DES ARCHEVÊQUES DE REIMS

JACQUES ET JEAN JUVÉNAL DES URSINS.

REIMS

Imprimerie coopérative, rue Pluche. 24 (E. Gény, dir.).

RAPPORT DE M. H. PARIS

MEMBRE TITULAIRE

Sur la 1re Question :

HISTOIRE DES ARCHEVÊQUES DE REIMS

JACQUES ET JEAN JUVÉNAL DES URSINS (1).

Qui de nous, en visitant les collections du Louvre, ne s'est arrêté devant ce précieux tableau
du xve siècle, que notre musée possède seul de
cette époque? Ses dimensions, sa forme oblongue
disposée comme un rétable, l'éclat des couleurs, la
variété et l'exactitude des costumes, la disposition
des personnages, l'air de famille que respire cha-
cune des figures et qui démontre qu'on a devant
soi de véritables portraits, tout attire le regard
et retient l'attention.

« Ce sont les représentations de nobles person-
» nages messire Jehan Juvénal des Ursins, cheva-
» lier et baron de Trainel, conseiller du roi, de
» dame Michelle de Vitry, sa femme et leurs en-
» fants. »

Les inscriptions placées au-dessus de chaque
portrait permettent d'en fixer la date entre 1444 et
1449, c'est-à-dire pendant le pontificat de Jacques
et avant celui de Jean. Tous les personnages sont

(1) La commission était composée, outre le secrétaire
général, de MM. Paris, Tourneur, Jacquenet. Lalande et
Cornet.

agenouillés les uns à la suite des autres , les mains jointes, dans l'attitude de la prière, les enfants faisant cortége au groupe principal. On est, à n'en pas douter, en face d'une décoration sépulcrale. Ce tableau surmontait en effet, à Notre-Dame de Paris, dans la chapelle de Saint-Remi, la riche sépulture que Jean II Juvénal avait élevée à la mémoire de son père, le célèbre prévost des marchands de Paris, le conseiller du roi Charles VI. Il fut transporté, lors de la révolution, au musée des Petits-Augustins, et de là, en 1829, au Louvre.

Les deux statues funéraires, qui étaient agenouillées de chaque côté du mausolée et qui représentaient *Jean Juvénal des Ursins* et *Michelle de Vitry*, ont été également conservées. Elles figurent à Versailles dans la galerie dite des Tombeaux, qui sert aujourd'hui de salle des Pas-Perdus aux 750 successeurs de Louis XIV. Nous voudrions pouvoir en dire autant de cet adorable missel de Jacques Juvénal, reconquis par M. Firmin Didot, qui le racheta moyennant 40,000 francs, en 1861, à la vente du prince Soltikoff et qui l'avait cédé à la ville de Paris. Ce manuscrit in-folio, orné de 140 miniatures, conservé dans un tel état de fraîcheur qu'il semblait sortir des mains de l'artiste, enrichi de plus de trois mille rinceaux de fleurs, de fruits, d'armoiries, reproduisant les monuments, les costumes, les meubles, les armes et les instruments de toute espèce de l'époque , cette merveille de l'art français au 15e siècle, ce véritable bijou, dont la perte est à jamais irréparable, a été détruit dans l'incendie allumé par les chefs de la Commune en 1871.

Sur le tableau historique du Louvre, à la suite du groupe principal, le premier des personnages représenté est *Jean Juvénal,* archevêque de Reims. Il est vêtu en évêque, crossé, mitré et en chape rouge, avec cette inscription :

« Révérend père en Dieu messire Jehan Juvenal des Ursins, docteur en loys et décret, en son tems evesque et comte de Beauvais, depuis evesque et duc de Laon, per de France et conseiller du roy. »

Et le dernier, également crossé, mitré et en chape, est :

« Révérend père en Dieu, messire Jacques Juvenal des Ursins, archevesque et duc de Reims, premier per de France, conseiller du Roy et président de la Chambre des comptes. »

Ces figures sont précisément celles des deux prélats dont vous aviez mis, Messieurs, l'histoire au concours pour cette année.

Ce n'était pas un sujet de peu d'importance que celui que vous avez offert ainsi à l'émulation des esprits adonnés aux études historiques : *Jacques* et surtout *Jean Juvénal des Ursins,* archevêques de Reims ; autrement dit : *Jean Juvénal et son temps,* c'est-à-dire le XVe siècle presque entier, cette période de nos annales qui commence à la fin du règne de Charles-le-Sage pour finir au milieu de celui de Louis XI, période si révolutionnée qu'on serait tenté de croire qu'il s'agit de notre temps.

Ce sujet est trop vaste assurément pour qu'il soit permis à votre rapporteur de chercher à vous en présenter même une exquisse. Aussi me contenterai-je de dire avec l'auteur du mémoire à analyser : « De toutes les époques de notre histoire, l'une des plus tristes sans contredit et des plus humiliantes pour notre fierté nationale est celle qui vit sur le trône la branche des Valois. » Cette formule, enveloppant dans un même anathème toute la branche des Valois qui produisit Charles V, Charles VII, Louis XI et Charles VIII, est toutefois fort exagérée dans sa généralité, mais elle s'applique à merveille au règne de Charles VI et à la première partie de celui de Charles VII. Ce serait sans contredit l'époque la plus calamiteuse de notre histoire, si de nos jours nous n'avions trouvé moyen de faire pâlir toutes les tristesses passées. Les Maillotins, en effet, et les Cabochiens eux-mêmes n'ont-ils pas été dépassés par les Jacobins et les Communards ? Ne subissons-nous pas encore les conséquences funestes de l'ambition des princes nés sur les marches du trône, intéressés et obligés plus que tous autres au salut de la Monarchie, et donnant l'exemple de la désertion de leurs devoirs ? Azincourt ne disparaît-il pas devant Sedan, de même qu'une mort héroïque et désespérée l'emporte sur une capitulation même prétendue nécessaire ! Et enfin, pour ne toucher que d'un mot à ce qui affecte le plus douloureusement la fibre patriotique, le traité de Francfort ne pèsera-t-il pas plus longtemps sur la patrie que le traité de Troyes ? A supposer même que ces malheurs se ressemblent, je ne cherche pas sans effroi les ressorts qui ont relevé nos ancêtres. Où sont les Xaintrailles, les Dunois, les La Hire, les La Tremouille, les Barbazan, et toute cette vaillante phalange, debout, prête et fidèle au jour du réveil du Victorieux ? Qui croirait de nos jours aux apparitions de saint Michel et de sainte Catherine de Fierbois ? Combien suivraient

avec confiance la bannière de la jenne inspirée de
Domremy ?

Des deux mémoires qui vous sont parvenus, le
premier n'a pas paru, à votre commission, suscep-
tible d'un long examen. Ce n'est pas qu'on n'y re-
trouve les qualités ordinaires du chercheur infatiga-
ble qui ne recule devant aucun sujet et qui semble
avoir pris pour devise le « *De omni re scibili et
quibusdam aliis.* » Mais, qui trop embrasse, mal
étreint, et comme tous les écrits que vous recevez
si volontiers du même auteur, son dernier témoigne
une fois de plus de la puissance de son travail et
de la fécondité de sa plume. On se demande où
l'auteur trouve le temps de si nombreuses et de si
patientes études. Il est vrai que la plupart du temps
il se contente de simples ébauches ; mais comme
documents utiles à consulter, ses recherches n'en
sont pas moins des plus précieuses, et vous ne sau-
riez moins faire que de lui renouveler, une fois de
plus, vos sincères remerciements.

Le second mémoire est dû à la plume de M. Pé
chenard, professeur d'histoire au Collége de Char-
leville. Il tient incontestablement l'un des premiers
rangs parmi les ouvrages que vous avez eu jusqu'a-
lors la satisfaction de couronner. Le sujet est traité
d'une main sûre, avec ordre, avec méthode, et ce
qu'on peut appeler profondément fouillé. Les meilleures sources ont été consultées et mises à profit.
La critique historique qui accompagne le récit sans
le ralentir, y est exercée par un esprit ferme, éclairé
et nourri des meilleures doctrines. Aussi, sous la
réserve de quelques incorrections de forme inhé-
rentes à toute œuvre manuscrite, et que la correc-

tion typographique fera disparaître, et tout en notant quelques passages un peu prétentieux, qui pourront être adoucis, vous n'avez pas hésité, Messieurs, à lui décerner le prix.

L'auteur a fait de Jean Juvénal des Ursins le titre et l'objet principal de son livre. Encore bien que Jacques ait précédé son frère sur le siége de Reims, c'est Jean, l'aîné de 22 ans, qui concentre en sa personne tout l'intérêt du sujet. C'est lui, en effet, qui a réellement joué le rôle principal et comme homme politique et comme archevêque. Des nombreux enfants du prévôt des marchands, lesquels ont tous rempli des emplois considérables et occupé des positions élevées, il a plus particulièrement succédé à l'influence de son père et continué les grands services rendus par celui-ci à l'Etat.

Le 1er chapitre est consacré à l'histoire de l'origine de la famille des Ursins et de la vie du prévôt des marchands. Jean 1er Juvénal serait, suivant notre auteur, issu d'une famille française originaire de Troyes. Son père, Pierre Juvénal, aurait été, vers 1360, le chef d'une de ces familles honnêtes et laborieuses que l'économie, l'industrie ou l'éducation élevèrent des rangs les plus humbles jusqu'aux premières dignités de l'Etat. Il avait épousé la fille de Thibaut, baron d'Assenay et vicomte de Troyes. Après avoir pris ses degrés en droit civil à l'Université d'Orléans, qui était alors en grand renom, Jean 1er vint terminer ses études à Paris et débuta fort jeune dans la magistrature par une place de conseiller au Châtelet. Avocat-général au Parlement, puis prévôt des marchands, il devint le conseiller le plus accrédité auprès du roi Charles VI, qu'il n'abandonna pas pendant sa longue maladie et qu'il réconfortait dans ses rares intervalles de lucidité.

Lorsqu'il prit possession des fonctions de prévôt des marchands, il témoigna, par l'énergie des mesures prises, de la vigueur de son caractère et de son ardent amour pour le bien public Il entreprit d'assurer la liberté de la navigation sur la Seine et la Marne, et d'assainir de la montagne Sainte-Geneviève. — Les digues, les péages, les moulins établis depuis Rouen et Meaux jusqu'à Paris, paralysaient le commerce de la capitale et gênaient les approvisionnements. Jean Juvénal se fit adresser, en sa qualité de garde de la prévôté, un mandement du procureur du roi qui l'autorisait à ouvrir un libre passage aux bateaux. Des réclamations s'élevèrent de toutes parts, mais le prévôt, appliquant le principe peu connu alors de l'expropriation pour cause d'utilité publique, aposta dans une seule nuit des ouvriers appuyés de gens d'armes et fit disparaître comme par enchantement tous les obstacles. Le parlement s'en émut d'abord, mais les propriétaires évincés furent indemnisés, le bruit s'appaisa et le service public fut assuré. En même temps Jean Juvénal ouvrait les portes du Châtelet et de la Tournelle à cinq cents prisonniers, et, sous la surveillance des chevaliers du guet et de 300 archers, il leur faisait déblayer, en vingt jours, la montagne Sainte-Geneviève, qui était devenue par les immondices amassés depuis des siècles, un foyer d'infection. Les tombereaux libérateurs allaient porter la fertilité dans les plaines du Perche et de la Beauce, loin des lieux où ils semaient la peste et la désolation. A ces deux actes qui signalèrent son entrée en fonctions, on peut juger

quel maître homme était ce fameux prévôt. L'auteur
nous le montre ensuite déployant une énergie non
moins grande dans sa courageuse résistance au duc
de Bourgogne ; concourant par ses négociations et
ses harangues à l'extinction du grand schisme de l'E-
glise ; décidant par sa harangue au Parlement l'oc-
troi de la régence à la reine Isabeau de Bavière ;
poursuivant le duc de Lorraine, qui avait voulu
échapper à la suzeraineté du roi de France et l'ame-
nant à se jeter aux pieds de Charles VI et à lui faire
amende honorable, malgré la protection de Jean-
sans-Peur, qui l'avait accompagné devant le Parlement ; parvenant à faire conclure la paix entre les
Bourguignons et les Armagnacs; devenant chancelier
de Bourgogne ; et après tant de succès, finissant par
succomber, à la fin de sa carrière, sous les efforts
des Cabochiens, rentrés triomphants à Paris avec le
duc de Bourgogne, dérobant par la fuite sa tête à
leur vengeance, et allant terminer ses jours à Poitiers comme président du Parlement, que le dauphin
y avait transporté.

Cette existence si bien remplie est racontée avec
un intérêt constant, sans langueur, et d'une main
vraiment magistrale. Au fur et à mesure que les
événements se déroulent sous sa plume, l'auteur
n'hésite pas à les juger et à dire son sentiment sur
les hommes, sur les actes et sur les doctrines ; c'est
ainsi que, tout en louant l'ardent désir de la paix
et le dévouement à l'Etat, qui animent le discours
de Jean Juvénal au Parlement concluant en qualité d'avocat général dans les questions d'obé-
dience soulevées par le schisme, il relève les er-
reurs de doctrine du légiste nourri des doctrines de

Marsile de Padoue, de Guillaume Occam et de Louis de Bavière. C'est ainsi encore qu'il ne méconnaît pas la faute politique commise en faisant donner la régence à Isabeau de Bavière, laquelle devait si peu se soucier du glorieux exemple laissé par Blanche de Castille, dont notre avocat général avait évoqué le souvenir.

Dans le second chapitre, l'auteur entre dans le sujet même proposé par l'Académie. Il raconte la vie de Jean II Juvénal, qu'il envisage comme magistrat et comme historien.

Jean Ier avait eu de son mariage avec Michelle de Vitry, qui appartenait par sa mère aux premiè·res familles de France, seize enfants. Cinq d'entre eux moururent au berceau, et les onze autres, qui tous *vesquirent bien et honorablement*, furent pour Juvénal et Michelle un sujet continuel de joie et d'honneur. L'aîné, Jean II, naquit à Paris le 23 novembre 1388. Après avoir, comme son père, pris ses degrés aux Universités d'Orléans et de Paris, comme lui il entra dans la magistrature et fut nommé maître des requêtes de l'hôtel du dauphin Charles et conseiller du roi en 1416. Mis au nombre des proscrits en 1418, lors de la rentrée des Cabochiens à Paris, il s'échappa nuitamment avec son père, suivit à Poitiers le Dauphin, qui se l'attacha plus intimement encore en le nommant son avocat-général au Parlement. C'est là qu'il eut la douleur de fermer les yeux à son père en 1431; c'est là aussi qu'il consacra les loisirs que lui laissaient ses fonctions publiques à réunir les matériaux de son Histoire de Charles VI, monument élevé à la mémoire de l'infortuné monarque, que son père avait servi avec tant de fidélité. L'auteur analyse, avec des citations choisies, cette œuvre remarquable écrite sur les récits contemporains, sur les souvenirs de son père et sur les siens propres.

Il constate, avec raison, ce que n'a pas fait l'auteur du premier mémoire, que la première partie de l'histoire de Charles VI n'est pas originale. Jean Juvénal a beaucoup emprunté au livre *des faits, bonnes mœurs de Charles V*, par Christine de Pisan, et transcrit pour la première partie sur la chronique latine du moine anonyme de Saint-Denis. La deuxième partie est son œuvre propre, elle contient les récits du plus haut intérêt et d'un prix inestimable pour l'histoire de son temps.

C'est à cette même époque, pendant son séjour à Poitiers, qu'on reporte l'entrée de Jean Juvénal dans les ordres, ce qui n'était pas incompatible alors avec les fonctions parlementaires. Le roi Charles VII s'empressa de se l'attacher plus intimement en qualité de chapelain. Nous le voyons vers 1440 figurer dans un arrêt du Parlement, du 12 avril, comme avocat civil du roi et comme archidiacre de Paris. Il ne tarda pas à être appelé aux plus hautes fonctions épiscopales. Il fut appelé en 1442 à l'évêché de Beauvais. A peine avait-il pris possession de ce siége, que le roi le députait à Rome, où la chrétienté était menacée d'un nouveau schisme, et où il contribuait par son influence et son autorité à rétablir l'accord entre le pape Eugène IV et les Pères du concile de Bâle. De retour en France, empêché par les devoirs de l'administration de son diocèse de se rendre aux

Etats de Blois, il adresse au roi une longue épitre toute empreinte d'une éloquence sombre et lamentable sur « *le faict très-douloureux et très-piteux du royaume de France, destruit et gasté par faute de bonne police et de bon gouvernement.* »

Il ne se passe pas un évènement de quelque importance auquel il ne soit mêlé, pas une négociation diplomatique à laquelle il ne prenne part. Nous le trouvons à Arras négociant le traité qui scelle au prix de grands sacrifices la paix du roi avec le duc de Bourgogne ; quelque temps après à Bourges, où fut adopté le règlement en 37 articles qu'on appelle la pragmatique sanction. En 1439, il représente aux Etats généraux d'Orléans la ville et la vicomté de Paris ; plus tard il accompagne le roi à Tours en 1444, lors de la signature de la trève avec l'Angleterre. Cette activité dépensée au service de l'Etat, ne lui fait négliger aucun des intérêts de sa ville épiscopale et de son diocèse, il trouve encore le temps de rédiger, comme autrefois Hincmar, des traités sur les questions politiques du temps. C'est ainsi que, dans une forme originale, qui rappelle le roman de la Rose, il discute les *Différends entre les rois de France et d'Angleterre,* et qu'il compose ce remarquable *Traité sur l'Office du chancelier,* à l'occasion de l'élévation à cette dignité de son frère, Guillaume Juvénal des Ursins.

Le roi, dans sa reconnaissance pour les services rendus par le père et le fils, ne se croyait jamais en reste avec cette famille, et dans sa largesse, il voulut pourvoir encore le dernier des frères de l'évêque de Beauvais.

Jacques Juvénal, le plus jeune des fils du prévôt
des marchands, avait été successivement avocat de
l'Université de Poitiers et trésorier de la Sainte-
Chapelle de Bourges. Il occupait alors les dignités
d'archidiacre de l'église de Paris, de doyen du chapitre de Beauvais et de président de la Chambre des
comptes. Pour atteindre le but qu'il se proposait,
le roi appela au siége de Laon, qui était supérieur
à celui de Beauvais, puisqu'il conférait la qualité
de duc et pair, Jean Juvénal, et il destinait sa succes-
sion à Jacques. Cette combinaison ne put se réali-
ser, mais Jacques n'y perdit rien. Le siége de Reims
étant devenu vacant dans le même temps, le roi
recommanda avec instance son protégé au chapitre,
qui usait pour la première fois depuis la pragmatique sanction du droit d'élire son évêque, et Jacques
Juvénal des Ursins fut élu à l'unanimité, le 25 juin
1441.

Le nouvel archevêque, devenu le métropolitain
de son frère aîné, n'occupa le siége de Reims que pendant cinq années. Il ne laissa pas de traces mar-
quantes de son passage, distrait presque cons-
tamment de son diocèse et de sa ville ducale par
les importantes missions que le roi confia à ses ta-
lents et à sa fidélité. Les nouvelles divisions qui se
produisirent au sein de l'Eglise réclamèrent tout
son temps. L'Assemblée de Bâle, réconciliée une
première fois avec le pape Eugène IV par la médiation de Jean Juvénal, venait d'éclater de nouveau contre le Souverain Pontife et avait poussé
l'audace jusqu'à le déposer. D'un autre côté, le duc
Amédée de Savoie, auquel la tiare avait été offerte,
l'avait acceptée et avait pris le nom de Félix V.

Eugène IV vint à mourir sur ces entrefaites, et Jacques Juvénal, envoyé par le roi à l'assemblée de Lyon, formée des députés de Félix V, du Concile de Bâle, du dauphin, du roi de Sicile et du roi d'Angleterre, fit décider par l'assemblée que l'ambassade du roi de France, qu'il conduisait, se rendrait auprès de Félix V. Il s'y rendit, en effet, et obtint de ce prince son désistement. Le pape Nicolas V, qui venait de succéder à Eugène IV, ne crut pas trop faire, pour récompenser le pieux et habile ambassadeur, que de l'élever à la dignité de patriarche d'Antioche. Jacques Juvénal des Ursins reçut des mains du Saint-Père le *pallium* le 27 avril 1449, et comme les affaires de l'Eglise et de l'Etat ne lui permettaient plus de donner à son diocèse les soins qu'il réclamait, il renonça à l'archevêché de Reims, et c'est alors que son frère Jean Juvénal, évêque de Laon, vint lui succéder sur le siége de Saint-Remi.

Dans les chapitres suivants, l'auteur suit son héros dans sa vie politique et dans son administration épiscopale. Nous aurions trop à dire encore si nous voulions analyser les phases même les plus saillantes de la fin de cette longue et laborieuse existence qui n'embrasse pas moins de 23 années. Nous ne ferons que mentionner : « la médiation de notre archevêque entre le duc de Bourgogne et les Gantois ; le Concile provincial qu'il tint à Soissons ; la part considérable qu'il prit à l'œuvre tardive de réparation, comme président de la commission d'enquête et du tribunal de jugement qui réhabilita la mémoire de Jeanne d'Arc ; son intervention pour apaiser les Vaudois ; ses nombreuses remontrances adressées au roi pour le bien du royaume et la réforme des abus. Il y proclame hardiment, avec l'autorité de son caractère d'évêque et l'indépendance que lui donnaient les services rendus, que : *Le roi tient tout de ses sujets, qu'il ne doit ni les fouler, ni les charger de tailles, qu'il doit être leur père, les gouverner doucement comme ses enfants, se ressouvenant que s'il est lui-même la tête, c'est le corps qui le porte, se défiant des courtisans, parce que nul n'est bon courtisan s'il ne sait mentir, et attendant plus de Dieu que des hommes.* « Le roi, dit-il plus loin, doit faire respecter les lois. Autres sont les vertus d'un moine, autres les vertus d'un roi. Il a un glaive en main, qu'il s'en serve, même contre les siens. Il doit être le premier à se soumettre aux lois, et c'est une fausse maxime que de dire que tout lui est permis. »

La hardiesse de ce langage ne pouvait porter ombrage au roi Charles VII, mais elle n'était pas de nature à lui concilier la bienveillance de Louis XI. Aussi, à peine avait-il sacré le nouveau roi, qu'il tombait en disgrâce et avec lui toute sa famille. Son frère Guillaume se vit retirer les sceaux, et lui-même, en rappelant à Louis XI qu'en son jeune âge, souvenir imprudent à rappeler ! il avait *eu connaissance de lui*, ne fit qu'irriter les sentiments d'antipathie de ce prince contre les confidents des chagrins de son père. La révolte des Rémois, appelée *Miquemacque*, et les efforts de leur archevêque pour apaiser le juste courroux d'un roi peu tendre envers les rebelles, ne pouvaient l'aider à reconquérir les bonnes grâces du sévère justicier.

Avec Louis XI, d'un autre côté, s'ouvrait l'ère d'une politique nouvelle. Représentant de l'Eglise et de la féodalité, l'archevêque duc de Reims ne devait pas voir sans inquiétude les empiétements successifs de la juridiction royale sur la juridiction ecclésiastique et seigneuriale. Et dans cette grande œuvre de transformation du pouvoir qu'il méditait au profit de l'unité de la monarchie, Louis XI, de son regard perçant, avait facilement deviné, dans l'autorité et le caractère du premier pair de son royaume l'obstacle possible à ses projets.

Jean Juvénal supporta avec dignité et résignation sa disgrâce et la fit tourner au bien spirituel de son troupeau. Il se garda bien de prendre une part même indirecte à la ligue dite *du bien public,* et quand le roi, effrayé du progrès de la résistance, chercha à ramener à lui les anciens amis de son ·père, quand il réintégra Guillaume Juvénal dans les fonctions de chancelier, et qu'il convoqua l'archevêque de Reims pour l'assister aux Etats Généraux de Tours, celui-ci n'hésita pas à donner une nouvelle preuve de son dévouement aux intérêts véritables de la monarchie. Appelé par son âge et par sa dignité à faire connaître le premier son avis, il se prononça énergiquement contre la séparation de la Normandie, rappelant que les apanages ne pouvaient être démembrés de la couronne, et que Charles V avait interdit, par une loi irrévocable et conforme d'ailleurs au droit national, de ne pouvoir jamais rien aliéner. Son sentiment prévalut, et ce fut le dernier service politique qu'il rendit à l'Etat et au Roi. Il se retira définitivement dans son évêché, s'excusant sur sa vieillesse, ses infirmités, et, ajoutait-il modestement, son peu de connaissance. Il consacra les dernières années de sa vie au soin exclusif de l'administration de son diocèse et de son duché. Il s'y éteignit le 14 juillet 1572, à l'âge de 85 ans, laissant la réputation de l'un des plus fermes appuis de la monarchie et de l'une des gloires les plus pures du siége de Reims et de l'Eglise de France.

Nous aurions voulu pouvoir suivre l'auteur dans le remarquable chapitre qu'il a consacré à l'administration féodale de Jean Juvénal, à ses rapports avec l'échevinage et le conseil de ville, et surtout louer la façon large, élevée, dont il apprécie les difficultés soulevées par l'organisation du nouveau pouvoir local. Il n'attribue pas, comme cela se voit si souvent, à de mesquines questions de domination personnelle les résistances et les luttes inévitables, dans un moment de transition, pour conserver les juridictions établies menacées par le pouvoir royal. Il y voit, avec plus d'impartialité et de justice, l'accomplissement d'un devoir de la part de ceux qui cherchaient à garder puissants et tutélaires les pouvoirs reçus, utiles à maintenir tant que le mouvement des transformations n'était pas arrivé à sa maturité. On trouve aussi, dans cette partie du mémoire, de précieux renseignements sur les juridictions locales : celle de l'archevêque, celle du chapitre, celle de l'échevinage, et sur leurs prérogatives. Ce côté plus particulièrement local de la question a enlevé les suffrages unanimes de votre commission.

Cette rapide analyse, trop courte pour le livre dont je devais vous rendre compte, trop longue pour votre rapporteur, ne peut vous donner qu'une idée incomplète du travail à couronner, mais elle justifie suffisamment, je l'espère, les conclusions que vous m'aviez chargé de proclamer. J'aurais voulu y joindre quelques critiques et quelques controverses de nature à prouver à l'auteur le soin mis à étudier son travail et propres même à rehausser le prix de l'éloge. Le temps me le défend, je ne terminerai cependant pas sans faire mes réserves sur la question controversée de l'origine de la famille des Ursins que notre auteur m'a paru traiter lestement et de façon à faire peu d'honneur à notre illustre et respectable archevêque. Suivant lui, il serait ridicule de chercher ailleurs qu'à Troyes, en Champagne, cette origine. Jean Juvénal des Ursins, en se disant descendre des Orsini d'Italie, aurait cédé à un puéril sentiment de vanité qui place la gloire surtout dans l'antiquité et l'illustration des ancêtres. La gravité du personnage commandait assurément plus de ménagements ; et, de ce que Colbert, cette grande illustration de notre cité, ait succombé à une pareille faiblesse, plus explicable de son temps qu'au XVe siècle, ce n'est pas précisément une raison de conclure qu'il n'a fait que suivre l'exemple donné par Jean Juvénal des Ursins.

Les individus ne sont pas seuls à succomber au péché mignon de vanité. Le patriotisme des corps, des villes et des provinces, au lieu de les en défendre, ne les y expose que trop ; et dans la circonstance, les auteurs troyens, à la suite d'*André Duchesne*, ne me paraissent pas d'une impartialité suffisante, lorsqu'ils revendiquent pour leur ville l'honneur d'être le berceau des Juvénal. Ce n'est pas, il faut bien le dire, Jean Juvénal, comme le croit l'auteur, qui le premier ait parlé de sa parenté avec les Orsini, mais bien le moine de Saint-Denis. Le continuateur de l'*Histoire de Charles VI* n'a fait que confirmer dans la suite de cette histoire, de même que plus tard dans son *Traité du chancelier*, ce qu'avait avancé longtemps avant lui le chroniqueur anonyme. Pourquoi serait-il donc si invraisemblable qu'une des grandes familles d'Italie eût pu laisser quelque rejeton à Troyes, dont les foires au moyen-âge attiraient les marchands italiens ? et on sait que la noblesse italienne exerçait le commerce. Ne serait-il pas plus extraordinaire de voir un simple bourgeois, Pierre Juvenal, s'allier dès 1350, avant l'illustration de ses enfants, à une demoiselle d'Assenay, de la famille des Montmorency, et Jean, son fils, avant sa prévôté, n'étant encore que conseiller au Châtelet, épouser une demoiselle de Vitry, qui tenait également par sa mère aux premières familles de France, les Montmorency, les Mornay et les Courtenay ?

Mais je veux sur ce point invoquer une autorité derrière laquelle on me permettra de m'abriter, c'est celle de votre confrère, M. Paulin Paris, et je renvoie notre auteur à la note mise au bas de la deuxième page du poème du *Voir dict*, par messire Guillaume de Machault, récemment publié par la Société des bibliophiles français.